LES OUVRIERS

LEURS REVENDICATIONS

Les Ouvriers de la Charente

PAR UN COGNAÇAIS

> L'union fait la force,
> La discipline et la modération font le succès.

ANGOULÊME
IMPRIMERIE F. LUGEOL & Cie
18, Rue d'Aguesseau, 18

1876

LES OUVRIERS

LEURS REVENDICATIONS

Les Ouvriers de la Charente

PAR UN COGNAÇAIS

L'union fait la force,
La discipline et la modération font le succès.

ANGOULÊME

IMPRIMERIE F. LUGEOL & Cie

18, Rue d'Aguesseau, 18

1876

AVANT-PROPOS

Malgré la promesse que j'avais faite, malgré les sollicitations de quelques intéressés, j'ai été sur le point de ne pas faire paraître cette brochure. Ce n'est pas, croyez-le bien, parce que j'avais peur d'écrire ma façon de penser : celui qui commence sa carrière d'écrivain, celui qui prend la plume pour instrument, le public pour juge, doit faire toutes ses réflexions, peser toutes les conséquences de ses actions avant de se mettre en rapport avec ses lecteurs ; mais une fois sa résolution prise, il doit marcher résolûment en avant. Il doit faire son devoir, sous peine d'être accusé justement de lâcheté.

ÉCRIVAIN,

Si tu écris pour exciter une classe de la société contre une autre, la bourgeoisie contre le prolétariat, l'ouvrier contre la bourgeoisie, tu es un misérable, car ta plume est dégouttante de sang, car tu t'apprêtes à regarder, impassible, l'œuvre de carnage que tu auras provoquée afin d'en profiter; plus coupable que Néron, qui avait incendié Rome pour jouir du spectacle majestueux de l'embrasement d'une ville.

Si tu écris pour exciter les passions populaires, tu es un misérable, car ta plume est boueuse.

Si, au contraire, tu te sers de ton talent pour la pacification progressive des esprits ; si tu travailles à émanciper ceux qui souffrent en réclamant les libertés nécessaires, indispensables à tout peuple libre ; si tu démontres que les artisans des villes et des campagnes peuvent arriver pacifiquement à se débarrasser de leurs entraves ; si tu n'apportes que des paroles de paix et de fraternité, tu es un bon citoyen, tu remplis une tâche qui a droit à toutes les sympathies.

Après cette longue digression, je reviens à mon sujet.

Ce qui m'arrêtait, c'est que je savais que tout a été dit sur cette question ouvrière, qui a passionné, et qui, à juste titre, passionnera toujours l'opinion publique. La question ouvrière, en effet, a été l'objet de nombreuses discussions, d'études savantes, de controverses piquantes et instructives, soulevées par des hommes de lettres d'une grande valeur. Cependant, si dans certaines parties de la

France les ouvriers ont profité de ces études, dans certaines autres, il semble que la question n'ait même pas été posée : la Charente est du nombre. Quelques-uns de mes amis politiques, parmi lesquels se trouvent des négociants, m'ont dit : Nous voudrions bien que vous réussissiez, mais nous ne croyons pas que la réussite soit possible ; vous vous heurterez à l'indifférence des uns, à l'hostilité intéressée des autres. Que m'importe ! Si mes idées ne sont pas accueillies immédiatement, elles n'en seront pas moins lancées, par conséquent elles ne seront pas inutiles. J'ai fait tous mes efforts pour que la question soit posée d'une manière lucide ; j'ai lu quantité de livres sur la matière, quantité de statuts de Sociétés ; j'ai mis à contribution M. Léon Chotteau, qui a mis à ma disposition son travail sur le *Parlement universel ;* je le citerai souvent ; j'ai pu réunir ainsi les éléments d'un vaste ouvrage que je publierai peut-être plus tard. Pour le moment, je ne soumets que les idées pratiques.

J'ai fait ce que j'ai pu, que les lecteurs me jugent.

LA DIVISION DES OUVRIERS

Avant d'aborder la grande question matérielle, je dois parler de la division morale, intellectuelle, qui existe depuis longtemps, qui existera malheureusement longtemps encore dans la classe ouvrière. Mais, pourrait-on m'objecter, pourquoi indiquer le mal si vous ne connaissez pas le remède? Je puis répondre par une autre question : Que penseriez-vous d'un médecin qui n'essaierait pas de soulager son malade, sous prétexte qu'il est trop atteint? Que penseriez-vous d'un écrivain qui, connaissant des abus, ne les signalerait pas, sous prétexte qu'il ne peut les empêcher? A force de dire la vérité, on finira peut-être par la faire connaître.

Bien que « les ponts-levis de l'ignorance s'abais- » sent rarement en France », (1) il est bon de réagir contre la torpeur et l'indifférence, afin qu'elles ne se changent pas plus tard en haine violente, inconsciente.

Depuis longtemps, les écrivains libéraux ont démontré que les révolutions seront évitées, conjurées, rendues absolument impossibles, le jour où les ouvriers s'uniront avec la bourgoisie, c'est-à-dire le jour où l'instruction les rapprochera par l'égalité intellectuelle ; le jour où, par suite de concessions

(1) Les phrases guillemetés au long sont de M. Léon Chotteau.

mutuelles, ils arriveront à s'entendre ; que le salaire sera proportionné au travail. Ayant intérêt à soutenir leur cohésion, ayant intérêt à rester unis, ils formeront un seul faisceau, un nœud gordien qu'aucun Alexandre ne pourra trancher.

« L'heure est venue, pense-t-on, de quitter le » chemin creux où s'abrite la routine ; les tentatives » hardies, les expériences courageuses sollicitent » les éclaireurs. Et ceux-ci, avant de jeter à leurs » contemporains la semence féconde, disent aux » penseurs de toutes les nations : — Si la foi qui » nous soutient vous anime, apportez votre tribut » à l'œuvre de l'avenir. »

Mais, pourrait-on m'objecter encore, qu'entendez-vous par l'union de la classe ouvrière avec la bourgeoisie? De quel idéal, de quels rêves vous bercez-vous? Espérez-vous que ceux-ci vont changer leurs habitudes pour vivre perpétuellement avec ceux-là ? Voulez-vous transformer les mœurs, les coutumes ? On détournerait plutôt un fleuve de son cours.

Je sais que ce n'est que le but, mais ne faut-il pas un objectif, un idéal, même? Il faut d'abord que l'ouvrier soit émancipé : il doit trouver son émancipation dans son travail, qui doit lui procurer le bien-être d'abord, puis l'instruction; le reste viendra naturellement. Je sais qu'il y aura bien des préjugés à combattre ; pour cela, il faudra lutter. Il faut, en effet, bien du courage pour réagir contre ce qui est consacré par l'usage ; aussi n'y arrivera-t-on que graduellement. Je vais m'occuper maintenant de points de vue plus pratiques.

Les prolétaires se plaignent de la pénurie de

leur position ; ils voudraient arriver à posséder : pour cela, il n'y a que trois moyens :

Prendre ce qui appartient aux autres. — Mais non-seulement c'est impossible, irréalisable, inique, mais encore illogique, car demain les déshérités se vengeront en le reprenant à leur tour.

Être protégé par le gouvernement, favorisé par des lois exceptionnelles ; — ce qui serait injuste, car le gouvernement ne doit favoriser personne, ne doit pas voler, spolier une partie de la société pour donner à l'autre, quelles que soient les formes qu'il y mette.

Les associations pacifiques, que ces associations soient appelées coopération, sociétés de consommation, participation, unions syndicales, etc., — voilà la vraie logique. Pour que les ouvriers soient forts, il faut qu'ils soient unis ; cette union n'existe malheureusement pas. Les ouvriers de la Charente, dont je m'occupe spécialement, se jalousent, se divisent, ont peur de se réunir, peur d'échanger leurs idées ; ils se contentent d'exprimer des vœux aussi stériles qu'impuissants. Leurs compatriotes et leurs voisins étrangers, Belges, Anglais, Allemands, se groupent, eux, n'en éprouvent pas le besoin.

Le mouvement et l'impulsion sont donnés partout ; des chambres syndicales s'établissent, des conseils de prud'hommes se forment, et les Charentais, comme la sœur Anne dont parle la fable, demandent à leurs voisins si rien n'est signalé à l'horizon. Je reviendrai tout à l'heure sur les causes de cette inaction.

LE CONGRÈS OUVRIER — L'INSTRUCTION

Le Congrès ouvrier, accueilli d'abord avec défiance par beaucoup d'esprits enclins à la critique, a recueilli depuis les louanges, les éloges de toute la presse, même réactionnaire. On a vu que les travailleurs pouvaient se réunir, discuter leurs intérêts, exposer leurs besoins, leurs souffrances, avec autant de talent que de compétence : c'est une magnifique revendication du travail. M. Crémieux avait, du reste, dépeint quel serait l'esprit du Congrès :

« Vous avez compris que pour que la victoire nous advienne, vous aviez besoin de faire connaître, pour les livrer à une libre discussion, les mesures qu'inspire aux ouvriers français le désir si naturel d'arriver à l'émancipation économique, à laquelle tendent tous les efforts, pour atteindre la perfection du travail, dans chaque industrie; vous voulez vulgariser les plans que propose comme les meilleurs votre intelligence, éclairée par un long travail, et que vous soumettez à la réunion que vous avez provoquée, réunion dont les débats seront immédiatement jugés par la plus grande publicité. — En éclairant les autres, vous demandez à être éclairés vous-mêmes. »

Il continue en montrant que les gouvernements monarchiques, qu'ils s'appellent empire ou royauté, ont essayé d'enrayer le progrès ; seule, la République a protégé les travailleurs. Puis, « résolus comme vous l'êtes à ne plus perdre vos forces dans ces guerre civiles entre travailleurs qui frappent le fort en détruisant le faible, vous voulez arriver sans secousse au but si légitime que vous espérez atteindre », etc., etc.

Il s'est dit d'excellentes choses dans ce Congrès ; malheureusement, l'espace me manque ; je ne puis en parler comme j'aurais voulu le faire.

Ainsi que le fait remarquer le représentant du peuple, l'émancipation des ouvriers amènera le bien-être, l'épargne, et, par suite, l'union, l'harmonie dans le ménage ; l'instruction des enfants fera le reste, « car l'instruction, c'est le progrès de l'avenir. »

« C'est par l'instruction que nous stimulerons toutes les intelligences de la nation, et vous pourrez être certains, alors, qu'étant bien cultivées, elles ne tarderont pas à produire des idées fécondes pour la science et pour l'humanité. L'exécution du travail sera d'autant plus prompte et plus correcte que chaque ouvrier pourra joindre à la pratique de son métier les notions de la théorie et du bon goût. Les gouvernements monarchiques, et l'Empire en particulier, ont fait de l'ignorance publique un puissant moyen d'action pour dominer et asservir les masses. » La misère empêche la culture de l'intelligence. « Combien d'intelligences ont été flétries par la misère! Que de pertes irréparables pour l'humanité! Parmi tous ces enfants disséminés maintenant dans la société, combien d'entre eux seraient devenus illustres, si leur intelligence avait été développée par l'étude ! — Puis, quand le progrès sera réalisé, on verra disparaître les inégalités choquantes, les préjugés, les sophismes et les doctrines malsaines, causes de toutes nos calamités publiques, qui ébranlent parfois l'édifice social de la base au sommet. » (DELHOMME, *Congrès ouvrier*).

Ah ! pour de si puissants résultats en perspective, on ne saurait trop travailler, trop parler, trop agir. Ce sont les artisans du travail qui veulent enfin prendre la place qui leur revient, qu'ils ont acquise à force de travail, de persévérance, de modération, d'énergie virile ; ce sont les ouvriers qui veulent montrer qu'ils sont capables de tenir leur place ; les prolétaires qui veulent élever leur famille, relever le niveau social, se régénérer par eux-mêmes. Pourquoi s'y opposerait-on ?

O vous qui possédez la richesse, qui êtes matériellement heureux, qui avez toutes les jouissances, les raffinements de la vie matérielle ; qui, dans votre sphère, ignorez ce qu'est la misère, ce que sont les souffrances, pourquoi regardez-vous en pitié ces hommes qui sont les instruments de votre fortune, car « l'ouvrier, à la fin d'une carrière bien remplie, n'a contribué à enrichir plusieurs générations de commanditaires qu'en étouffant en lui tout germe de volonté. Aussi, devenu vieux, trouve-t-il, pour prix de sa soumission, le bureau de bienfaisance et l'hôpital. » Pourquoi hésiteriez-vous à aider les prolétaires à faire de leurs enfants des hommes dignes et fiers ? Pourquoi ne soutiendriez-vous pas ceux qui sont en bas, vous qui êtes en haut ? Pourquoi ne tendriez-vous pas la main pour les aider un peu ? Pourquoi ne seconderiez-vous pas ce mouvement social ? N'est-ce pas votre intérêt ? Ce n'est pas l'aumône qu'ils vous demandent, c'est votre coopération, car « l'aumône a pour effet d'encoura-» ger la paresse, qui sollicite, et de décourager le » *labor improbus*, qui refuse de s'humilier. » Ne savez-vous pas que le bien-être ne favorise pas les mauvaises passions ? qu'elles naissent plutôt chez un cœur ignorant que dans une âme satisfaite ? Que de mauvaises actions n'ont pas d'autres raisons que l'inquiétude du lendemain (Véry). Pourquoi cette hostilité — chez quelques-uns seulement, je dois le dire, car dans un rapport fait à l'assemblée, M. Ducarre constate que beaucoup de patrons et de capitalistes sont venus seconder les efforts de leurs ouvriers, qui veulent, en effet, arriver sans secousse à prendre leur place dans l'humanité : car « les travailleurs continuent la Révolution. Pourtant, ils n'acceptent pas le credo des révolutionnaires, que les patrons d'ailleurs repoussent. Si le travail et le capital condamnent les mêmes doctrines, pourquoi les deux éléments de la production forment-ils deux camps opposés ? » Pourquoi, en effet, des résistances ? Quoi qu'il en soit, si les capitalistes ne veulent aider les prolétaires, ceux-ci peuvent tout par eux-mêmes ; pour cela, ils n'ont qu'à vouloir, et, pour la masse, vouloir, c'est pouvoir. Seulement, il faut qu'ils s'inspirent de ces trois mots : union, modération, discipline.

LES OUVRIERS DE LA CHARENTE

LEURS MOYENS, LES GRÈVES

J'ai parlé des ouvriers en général. Je vais maintenant m'adresser à ceux auxquels mon travail était spécialement consacré : aux ouvriers charentais.

On suppose qu'il y a dans la Charente environ quatre mille tonneliers, qui se divisent en deux catégories bien distinctes : les rabatteurs à la journée et les ouvriers à façon. Les rabatteurs sont exclusivement employés dans les grands magasins d'eau-de-vie ; les tonneliers aux pièces sont employés chez les fabricants. Les premiers gagnent 3 francs par jour en travaillant dix heures ; les seconds se font de 4 à 5 francs en piochant. Il est bien évident que ces 3 francs sont insuffisants ; un homme peut à peine vivre avec cette somme. Comment voulez-vous qu'il nourrisse et entretienne une femme et deux enfants ? S'il tombe malade, dans quelle position se trouve-t-il ? Je sais bien qu'on m'objectera qu'il y a des sociétés de bienfaisance, de secours mutuels, sociétés instituées dans un but humanitaire et qui empêchent l'ouvrier de mourir de faim. Est-ce assez ? Évidemment non. Pour faire partie de ces sociétés, il faut verser une certaine somme, faible à la vérité, mais qui représente une privation.

Les tonneliers ont bien compris leur position ; à différentes reprises ils se sont agités, mais partiellement ; ils se sont dit : Nous ne gagnons pas assez : si nous ne travaillions plus ? Allons, les voilà en grève sans se concerter, sans s'assurer de leurs moyens d'action. D'abord, le feraient-ils, qu'ils useraient d'une arme aussi dangereuse pour eux, aussi funeste à leurs intérêts bien entendus qu'à ceux contre lesquels elle est dirigée.

« La grève est légitime. C'est la revendication » d'un droit. Dans l'espoir de résister jusqu'au bout, » on affronte les plus dures privations. Or, tout » producteur est en même temps consommateur ; » le gréviste qui restreint sa consommation cause » un ralentissement, sinon un temps d'arrêt, dans » la production des autres industries. Au point de » vue économique, la grève est une arme dange- » reuse : elle blesse les mains qui la saisissent et ne » frappe pas seulement les citoyens qu'elle atteint » dans le combat. Toutes les industries sont solidai- » res. Généralement, l'échec se produit, parce qu'on » a quitté l'atelier sans emporter une caisse de résis- » tance bien garnie. A quoi bon rentrer en ligne » quand on n'a pas de munitions suffisantes ? Ajou- » tez à la présence de la famine le défaut d'orga- » nisation et le manque de direction.

» Souvent un amour-propre mal placé pousse les » deux parties hostiles à lutter jusqu'à la faillite » pour le patron, jusqu'à la misère pour les travail- » leurs. Les grévistes n'ont en réserve que quelques » sous amassés péniblement dans les jours heureux.

» Si le maître capitule avant l'arrivée du dénû-
» ment, on a enfin obtenu quelques sous de plus
» pour quelques heures de travail. Si, au contraire,
» la caisse de résistance sonne creux avant la
» capitulation souhaitée, on fait amende honorable,
» et l'on reprend sans murmurer le chemin de
» l'atelier.

» Le travail qui se met en grève se lance dans
» l'inconnu ; il confie ses espérances au hasard.
» Rien ne lui donne une garantie de succès. » Ces paroles de M. Chotteau sont tellement de circonstance, que je n'ai pu résister au désir de les reproduire.

Dans ces conditions, que font les ouvriers les plus sages ? Ils se remettent à l'ouvrage les premiers ; si on leur fait des reproches, ils peuvent aisément répondre : La situation pouvait-elle durer toujours ainsi ? Évidemment non. Espérez-vous faire fléchir les patrons ? Vous savez que vous ne le pouvez. Pas un d'entre vous n'ose soumettre de propositions de peur de servir de bouc émissaire. Vous êtes-vous concertés avec les façonneurs ? Non encore. Avons-nous une caisse garnie ? Le mouvement est-il unamine ? Eh bien, si vous n'avez rien de tout cela, ne tentez rien. A ces questions, quelques-uns des plus déterminés répondent : Vous pourriez aller travailler ailleurs. Comment ! aller travailler ailleurs, c'est-à-dire surcharger nos frères des villes voisines, nous séparer de nos parents pour empêcher nos voisins de recevoir leur solde ordinaire ! Ne pourraient ils pas, eux, à leur tour, venir chez nous ? Nous aboutirions à provoquer un chassé-croisé aussi ridicule qu'inutile.

Cela, c'est de la logique. Les grèves ne sont plus utiles, aujourd'hui que leur influence néfaste est démontrée. Que de millions dépensés en pure perte! S'ils étaient restés dans la caisse des ouvriers, que de résultats puissants! Dans certains centres, les grévistes ont payé de leur vie les revendications qu'ils poursuivaient violemment. Cependant, ne parlons pas trop du passé, car « il a eu sa raison » d'être, mais il ne l'a plus. Les tempéraments se » modifient dans l'échelle des êtres, et l'on ne mar» che avec fruit sur les traces des devanciers qu'à » la condition de se servir d'un autre moteur. Les » ouvriers ont maintenant arboré un drapeau ; on y » lit ces mots : Conciliation. »

Ce qui manque dans la Charente, ce qui manque à Cognac, c'est une chambre syndicale, chargée par les ouvriers d'une mission de confiance, composée d'artisans capables et intelligents, qui s'entendent avec les patrons afin d'établir un tarif qui satisfasse les uns et contente les autres ; un tarif qui, une fois admis, ne soit plus en question, à moins de circonstances exceptionnelles, car il serait imprudent et peu sage de le changer à chaque instant suivant que le commerce marche ou ne marche pas.

« Lorsque l'offre du travail dépasse la demande » du capital, le capital peut tirer avantage d'une » situation anormale, en imposant une baisse de » salaires. Le travail accepte alors les conditions » qu'il ne peut refuser ; mais il ne se résigne que » pour prendre sa revanche le jour où le capital » aura besoin de bras et viendra en demander. Ce » jour-là, la demande du capital sera supérieure à » l'offre du travail, et le travail, profitant à son tour

» d'un heureux concours de circonstances, exigera
» la hausse des salaires. Si bien qu'on vit, des deux
» côtés, dans un état d'expectative et d'autant plus
» alarmant. »

Les chambres syndicales peuvent rendre et ont déjà rendu d'immenses services aux travailleurs et aux patrons, comme le disait Ducarre dans son rapport à l'assemblée : « Les chambres syndicales ont pour but la surveillance, la sauvegarde des intérêts professionnels, la sécurité, la prospérité du commerce ; elles tendent à supprimer l'intervention, toujours très coûteuse, des hommes d'affaires et celle des arbitres. — Elles ne touchent jamais à des débats soulevés à propos de salaires entre ouvriers et patrons » (ces sortes de conflits ressortissent au conseil des prud'hommes).

Je sais parfaitement qu'un citoyen cognaçais avait déjà essayé de former un syndicat à Cognac ; il avait déjà réuni une quinzaine d'adhérents, lorsque ceux-ci sont venus, l'un après l'autre, dire qu'il ne fallait pas compter sur eux. Pourquoi ?... Ah ! il n'est pas besoin de chercher la cause bien longtemps... ils craignaient la férule du maître. Que de défaillances n'ont pas d'autres causes que la crainte de perdre son travail, son salaire, c'est-à-dire son pain ! (Véry). Cependant, comme l'écrivait mon cher ami Achille Gaudois, une vie soumise à la crainte n'est-elle pas une mort perpétuelle ?

Allons ! Charentais, secouez votre inertie, sachez prendre de bonnes résolutions ; faites chez vous ce qui se fait partout ailleurs. Les patrons en feront autant : tant mieux ! il faut que leurs intérêts soient protégés comme les vôtres. Ils diminuent le nombre de leurs ouvriers : tant mieux encore, car ceux qui resteront seront d'autant mieux rétribués ; les autres retourneront à l'agriculture. Vous ne cherchez pas un antagonisme, vous cherchez la discussion, c'est-à-dire la lumière, et, par suite, la justice. Nos pères ont fait de grandes choses pour nous, prolétaires ; félicitez-vous-en ; vous étiez esclaves, vous êtes citoyens ; il faut maintenant que vous supportiez les charges et profitiez des avantages de ce titre. « La Révolution de 89 a brisé la chaîne des temps, » ne nous en plaignons pas. Fils de prolétaires, que » serions-nous aujourd'hui si nos pères, dans un » sublime élan, n'avaient pas détruit la Bastille ? » Au lieu de légiférer, d'écrire des livres et de faire » des découvertes, nous frotterions peut-être les » parquets des nouvelles Sévigné, mandant à leurs » filles, sur un ton badin, qu'on fusille assez régu» lièrement les roturiers. L'Europe épuisée attend » les éléments de vie qui doivent la rajeunir et l'em» bellir en la transformant. Le monde industriel, » pacifié, harmonisé, peut seul les lui donner. »

Pourquoi ne s'établirait-il pas à Cognac des Cercles ouvriers auxquels seraient jointes des bibliothèques ? Dans ces Cercles, les travailleurs pourraient se réunir, échanger leurs idées, se reposer du travail du jour, s'instruire en lisant des ouvrages sérieux ; apprendre à connaître l'histoire nationale, les œuvres de nos grands maîtres. C'est tout à fait réalisable. Les personnes qui accueilleront cette idée avec plaisir n'ont qu'à me faire parvenir leur adhésion, et je ferai mon possible pour que la réalisation soit immédiate.

Que la France serait heureuse, si toutes ses forces vives étaient cultivées, développées sous un gouvernement libre ! Elle reprendrait non pas seulement le rang qu'elle a occupé, mais une place qu'elle n'a jamais eue ; elle marcherait non pas à la remorque, mais à la tête des autres nations, car, comme le disait Gambetta : « Ce que nous voulons, c'est une République fondée sur le respect de la liberté individuelle, qui favorise le développement de la richesse nationale, l'industrie, le commerce, et qui élève un temple aux beaux-arts. » Danton disait alors que notre patrie était menacée par des ennemis intérieurs et extérieurs : De l'audace, toujours de l'audace, encore de l'audace, et la France sera sauvée !

De même, les prolétaires disent : De l'union, toujours de l'union, soyons forts pour la paix, afin que le monde soit régénéré.

Jadis, le peuple souffrant demandait des réformes aux tyrans ; maintenant, c'est à lui de comprendre sa mission.

Comme l'a dit M. de Marcère, c'est aux intéressés à travailler pour eux.

Je me résume :

Ce qui est d'une incontestable nécessité, c'est une chambre syndicale destinée à discuter les intérêts des ouvriers de concert avec les patrons ; un conseil de prud'hommes chargé de rendre la justice sans aucuns frais. Puis, comme accessoire, un ou plusieurs cercles, bibliothèques, où les artisans puissent se délasser de leurs travaux et s'instruire à peu de frais.

Voici les statuts que je proposerais aux tonneliers de Cognac. Je sais que certains intéressés, tout en reconnaissant l'utilité de ce que je propose, diront : Oui, ce serait très bien ; mais vous comprenez, si ces messieurs le savent..... Puéril, puéril, en vérité ! Mais, farceurs que vous êtes, ces messieurs ont leurs intérêts ; vous avez les vôtres : à vous de décider si vous voulez les leur sacrifier.

Je ne crois pas, du reste, qu'il y ait, à Cognac, d'obstacles bien sérieux de la part des grands négociants. Je me suis laissé dire qu'ils étaient animés d'un esprit libéral. Seulement, il est évident qu'ils ne peuvent pas donner leur avis sur des questions qui ne leur sont pas mêmes posées.

STATUTS

de la

CHAMBRE SYNDICALE DES OUVRIERS TONNELIERS

Considérant que les Corporations ouvrières ne peuvent rester dans l'isolement sans porter un préjudice grave à leurs intérêts ;

Considérant que l'association seule peut permettre aux travailleurs de défendre leur salaire et de le maintenir à un taux légitime ;

Considérant encore qu'elle seule donne la possibilité de transformer le salariat, et qu'avec elle une corporation peut arriver à son émancipation économique,

La Corporation des ouvriers Tonneliers a décidé qu'elle devait se grouper en une seule et même Société et a arrêté, à cet effet, les Statuts suivants :

ARTICLE PREMIER

Il est formé, entre les soussignés et ceux qui adhéreront aux présents Statuts, une association corporative qui portera le nom de **CHAMBRE SYNDICALE DES OUVRIERS TONNELIERS DU DÉPARTEMENT DE LA CHARENTE.**

Art. 2

La durée de la Société est illimitée, ainsi que le nombre des Sociétaires.

Art. 3

Pour être adhérent à la Chambre syndicale, il suffit d'être ouvrier de la Corporation et de résider dans le département de la Charente, sans distinction de nationalité.

Nul ne peut faire partie de la Chambre s'il n'appartient à la Corporation des Tonneliers.

Tout adhérent qui deviendrait patron serait, par cela même, considéré comme démissionnaire.

Art. 4

Par sa Chambre syndicale, elle veillera à ce que les salaires ne subissent jamais d'abaissement illégitime, et qu'ils suivent toujours l'élévation du prix des objets nécessaires.

Art. 5

La Chambre se préoccupera sérieusement de l'avenir de la Corporation et du progrès de la profession.

Dans ce but, et dès qu'elle en aura les moyens, elle organisera une Bibliothèque et des Cours professionnels, de façon à étendre les connaissances techniques des membres de la Corporation.

Elle prendra, en outre, sur elle de surveiller les apprentis, pour qu'ils deviennent des ouvriers capables et laborieux.

Art. 6

Les ressources de la Société se composeront :

1° D'un droit d'admission ;
2° D'une cotisation mensuelle.
Le droit d'admission est fixé à 1 franc.
La cotisation mensuelle est fixée à 1 franc.

ART. 7

La Chambre syndicale a son Siége rue

Le Siége ne peut être changé sans une délibération de l'Assemblée générale.

Le Siége social est ouvert tous les jours, de six heures à sept heures du soir,

Et de huit heures à dix heures du soir, où un syndic de service sera présent.

ART. 8

La Chambre syndicale est administrée par un Conseil syndical composé de quinze menbres.

Il est élu au suffrage de l'Assemblée, au scrutin de liste, et renouvelable par moitié tous les six mois.

Les Syndics sortis de fonctions ne peuvent être réélus que six mois après.

ART. 9

Le Conseil syndical se réunit toutes les semaines au Siége social, aux jours et heures qu'il aura fixés.

ART. 10

Le Bureau est simplement formé d'un Trésorier et d'un Trésorier adjoint ;

D'un Secrétaire et d'un Secrétaire adjoint.

Le Trésorier et son adjoint s'occupent de tout ce qui concerne les finances.

Le Secrétaire et son adjoint s'occupent de toutes les écritures administratives en dehors des finances.

Art. 11

Les séances de la Chambre sont présidées par les Syndics, à tour de rôle, par ordre alphabétique.

L'Assemblée statue souverainement sur toutes les questions mises à l'ordre du jour et dont l'urgence serait reconnue.

Art. 12

Le Conseil syndical a pour mandat de veiller aux intérêts de la Chambre dans les limites des Statuts.

Il prononce les admissions, sauf recours auprès de l'Assemblée générale.

Il fait un rapport, à chaque Assemblée générale, sur l'état moral et matériel de la Chambre syndicale.

Art. 13

Les Assemblées générales de la Chambre syndicale auront lieu tous les deux mois, le troisième dimanche de février, avril, juin, août, octobre et décembre.

En dehors de ces Assemblées, des Assemblées générales extraordinaires pourront être convoquées par le Conseil syndical, s'il le juge nécessaire.

Art. 14

Huit jours avant toute Assemblée, les Sociétaires, soit par lettres, soit par voie de la presse, seront informés des questions mises à l'ordre du jour.

Art. 15

Les syndics nommeront une Commission de trois membres qui seront chargés de se rendre au sein de la Chambre syndicale des patrons, afin de s'entendre pour former un Conseil arbitral, composé d'autant de membres de chacune des deux Chambres qui sera chargé de régler tous les différends, ayant trait à la Corporation, qui pourraient surgir entre les ouvriers et les patrons.

Art. 16

Le Conseil arbitral entendra les deux parties, et, en cas où la demande en conciliation n'aboutirait pas, le Conseil syndical, après avoir entendu le rapport du Conseil arbitral, avoir constaté la validité du différend, pourra faire à l'ouvrier, à titre de prêt, l'avance d'une somme nécessaire, en rapport avec ses besoins, et qu'il sera toujours tenu de rembourser, quelle que soit l'issue du procès.

Art. 17

En cas de poursuites judiciaires, le Sociétaire à qui il aurait été avancé des fonds devra remettre ses pouvoirs entre les mains des Syndics de la Commission arbitrale, qui seule aura le droit de toucher, en son nom, les sommes qui lui seraient dues, et qui lui seront remises après avoir opéré la retenue des avances qui lui auraient été faites par la Chambre syndicale.

Art. 18

Le Conseil syndical nommera une Commission de contrôle composée de cinq membres et renouvelable tous les mois.

Ils seront nommés par numéros d'ordre, en suivant les listes d'adhésions.

ART. 19

Le Conseil de contrôle doit se réunir une fois par mois, aux jours et heures fixés par lui.

Il doit, en outre, se réunir toutes les fois qu'il est convoqué par trois de ses membres ; en cas d'urgence, il peut convoquer une Assemblée générale.

Toutefois, la majorité du Conseil est exigible.

ART. 20

La Commission de contrôle fera, à chaque Assemblée générale, un rapport de contrôle sur les travaux du Conseil syndical.

Le Conseil de contrôle n'a que des pouvoirs administratifs ; il ne peut faire aucun acte d'aliénation ni aucun emprunt.

ART. 21

Le Trésorier ne pourra conserver en caisse plus de 100 francs.

Le placement des fonds sera fait, au nom de la Chambre syndicale, par une Commission composée de trois membres nommés dans le Conseil syndical et assistés du Trésorier, qui seuls porteront la signature sociale.

Le retrait des fonds sera fait par une Commission composée de trois membres assistés du Trésorier et après délibération, en Assemblée générale, du Conseil syndical et de la Commission de contrôle.

Art. 22

En principe, les fonctions de Syndic sont gratuites.

Toutefois, il pourra être alloué, à titre d'indemnité seulement, une rémunération en faveur de tout Syndic qui aurait employé du temps consacré ordinairement au travail.

Art. 23

Tout Sociétaire en retard, sans raison valable, de quatre cotisations mensuelles, sera considéré comme démissionnaire.

Tout membre en retard ou démissionnaire qui voudrait refaire partie de la Chambre syndicale paiera ses quatre mois en retard, plus son entrée.

Art. 24

L'exclusion pourra être prononcée contre tout Sociétaire qui serait une cause de préjudice moral pour la Chambre syndicale et qui porterait atteinte à ses intérêts.

Les versements effectués par des membres démissionnaires appartiendront de droit à la caisse sociale.

Art. 25

Les Statuts seront toujours perfectibles, et les modifications qui pourraient y être apportées seront soumises à l'Assemblée générale, qui les approuvera ou les rejettera.

Art. 26

Toutefois, quand une demande de révision d'un

article des Statuts sera faite par l'Assemblée, elle devra être signée par cinq membres au moins.

Art. 27

Dans le cas où cette demande serait faite par le Bureau, elle devra réunir les trois quarts des voix du Conseil.

Art. 28

Toute proposition ou modification aux Statuts devra être déposée, au moins un mois à l'avance, au Siége social.

Art. 29

Il pourra être convoqué une Assemblée générale par tout adhérent qui remettra au Conseil syndical une proposition signée de vingt membres au moins.

La tâche de l'Écrivain finit là. Peut-être mon travail est-il incomplet ; mais j'ai la conscience d'avoir fait ce que j'ai pu. Il me reste maintenant à faire justice des calomniateurs qui, dans ces questions ouvrières, ont apporté leur venin comme partout ailleurs ; de ces trembleurs intéressés, fervents admirateurs de l'Empire et de ses procédés. Quand on parle de questions ouvrières, ces esprits s'écrient : Mais c'est le socialisme ! Vous effondrez la société ! Elle va s'écrouler ! L'ordre, la famille, la propriété, tout est perdu, c'est un cataclysme, un chaos épouvantable !

O bons apôtres, que nous vous reconnaissons là ! Malheureusement, vos prophéties sont trop vieilles, ces rengaînes sont usées, et vous êtes démasqués. C'est vous qui avez prêché le plébiscite, prétendant que l'Empire était la paix : comme ce Gribouille dont parle la fable, vous votiez la guerre de peur de sentir la poudre. C'est vous qui rejetiez les responsabilités sur les républicains, qui, eux, ne voulaïent pas la guerre. C'est vous qui prêtiez votre concours à Broglie et Buffet, ces hommes à poigne qui vous rappelaient votre Empire chéri : vous étiez contents ; tout allait bien, en effet.

La France était bâillonnée, la presse républicaine annihilée, supprimée ; les promoteurs de réunions pacifiques, traqués, poursuivis, condamnés, à la grande joie des partisans du *Syllabus*, qui, eux, avaient le droit de tout faire : Coco seul élevait la voix.

Les libres-penseurs qui voulaient rester fidèles à

leurs principes, à leurs convictions, jusqu'après leur mort, étaient persécutés jusque dans leurs tombeaux. Il fallait qu'ils fussent portés en terre à une heure insolite; des mouchards venaient compter leurs amis; on les assimilait à des criminels. L'ombre de Loyola tressaillait dans son tombeau pour approuver ces actes jésuitiques. Vous applaudissiez toujours.

Vous accusez les républicains d'être ardents: ils ne vous ont pas proscrits. Vous accusez les ouvriers: ils n'ont pour vous que du dédain, du mépris. Vous parlez de péril social, de partage: mais ne savez-vous pas que la propriété vient du travail? « La richesse des nations, quoi qu'on dise, » n'a qu'une source. Cette source, c'est le travail; » il exploite la force productive du monde. »

Ne savez-vous pas que le jour où quelques insensés voudraient arriver à mettre en action les théories colportées par les blouses blanches d'Amigues, tous ceux qui possèdent, et ils forment les 9/10 de la France, se lèveraient comme un seul homme? Ne savez-vous pas que les républicains écrivent, après la chute des tyrans: Respect à la propriété, mort aux voleurs? Ne savez-vous pas que les républicains feraient bonne justice de ceux qui voudraient les déshonorer? Ne savez-vous pas.... — Mais vous le savez bien, et c'est pourquoi vous n'en êtes que plus méprisables.

E. NOUVEAU.

www.ingramcontent.com/pod-product-compliance
Lightning Source LLC
LaVergne TN
LVHW020256230826
846091LV00006B/2437
9782011763815